Fitzgerald Kusz
Nämberch-Blues

Gedichte

ars vivendi

Originalausgabe

1. Auflage August 2017
© 2017 by ars vivendi verlag GmbH & Co. KG, Bauhof 1,
90556 Cadolzburg
Alle Rechte vorbehalten
www.arsvivendi.com

Umschlaggestaltung: ars vivendi,
nach einem Bild von Toni Burghart
© Nachlass Erben Toni Burghart
Typografie und Ausstattung: ars vivendi verlag
Druck: BookPress
Printed in the EU

ISBN 978-3-86913-878-7

inhalt

3. stadtluft

4. fernweh

5. nämbercher bestiarium

6. singsongs

7. nachwort

Mei Schbrouch – Zur Dialektik meines Dialekts

1. treibstoff

oofangä

fang oo
fang einfach oo
wennsd aa
ned wassd wäi
fang oo
fang einfach oo
worschd mid wos
fang oo
fang einfach oo
dou ned rum
geb ned auf
lou ned nouch
häng di nei
fang oo
fang einfach oo
und wennsd dann
erschd ämall
enn oonfang hasd
wersd säing
gäihd allers
wäi vo selbä
fang oo
fang einfach oo

mei kindheid

mei kindheid
des is des frigeo-brausebulfä
wossi mid meinä schbodze
vo meinä händ gleckd hou

mei kindheid
des is mei blasdigg-indioonä
wou aff seim musdang
ibä di brärie galobbiäd

mei kindheid
des is däi lebberi aff dä schdrass
woui nacherm warmä gwiddäreeng
barfeddz drin rumghubfd bin

mei kindheid
des is deä unväwüsdliche schliddn
mid dem woui baucherdsi
inn berch nundergsausd bin

mei kindheid
des senn däi selbägfangnä maiäkäfä
innerm schouhkaddong
mid lufdlöchä drin

mei kindheid
des is deä besdioolische gschdank
vonnerm odlwoong
wou an miä vobeigfoän is

mei kindheid
des is des väschdeggäläs-schbüll
wou mi kannä gfunnä houd
wallermi su goud väschdeggd hou

mei kindheid
des is des foärood vo meinä muddä
mid dem woui mi beinooh am nachbarn
seim gaddnzaun dähudzd hädd

mei kindheid
des is däi zinkboodwannä
woui jedn samsdooch
drin badd worn bin

mei kindheid
des is dä bou assm schdruwwlbeder
dem wou dä schneidä middä scher
inn daumä oogschniidn houd

mei kindheid
des is des koddledd
su grouß wäiä abbodddeckl
wossi bamm medzgä ghulld hou

mei kindheid
des senn däi bubbl
woui midm klann fingä
ass meinä nosn gfischd hou

mei kindheid
des senn däi rolläfässlä
wemmä in dä sandgroum
cowboyledz gschbüld hamm

mei kindheid
des senn däi grind
vo mei aufgschürfdn gnäi
woui immä wechkradzd hou

mei kindheid
des is di milchhaud
aff meim kaba in dä fräih
vuä deäs mä immä geggld houd

mei kindheid
des senn däi wundädiidn
mid buffreis fiärä zehnälä
wou nie ä schadz drin woä

mei kindheid
des senn däi schouh
woumä nach emm joä
scho widdä zu klaa woän

mei kindheid
des senn däi bundn kaugummibildlä
inn kaugummi houi ausgschbodzd
di bildlä houi bhaldn

mei kindheid
däi ghörd miä ganz allaans
däi kammä kannä nehmä
däi werri nimmä lous

kerschn

ach däi kerschn
däi safdichn roudn kerschn
däi mä frisch vom bamm
rundägessn hamm
däi gschdullnä kerschn
und di angsd dass ann
ä bauä bamm schdilln
däwischd
däi kerschäkern
däi mä in dä aufreechung
väschluggd hamm:
ach däi kerschn
däi zuckäsäißn kerschn
nix houd su gschmeggd
wäi däi gschdullnä kerschn!

di bläih

vill zu vill vägessn
wenn di kerschn bläihä
is allers widdä dou

summä

wenn is summä?
wenn digge muggn
gechäs fensdä brummä

feiälä

däi kadofflfeiälä im herbsd
scho lang kanns meä gsäing
obbä räing douis immä nu

aberglaum

innerm moonerd mid »r«
afferm kaldn schdaa ghoggd
und nix is bassiäd

schdaa

jedä schdaa woui sammel
houd ä gschichd:
iich wadd bis annä schbrichd

einstein

werf enn schdaa in weihä
des is dä urgnall
und di ringlä es universum

kuckuck

nach johrn ämall
widdä enn kuckuck ghörd:
edz derfi mä wos wünschn

schnäi

schnäi: iich hounern gessn
mei enkel issd nern aa
schnäi vo gesdern? naa!

dreeg

enn dreeg willsd?
wennsdn willsd
kannsdn hoom
iich geb dern
dou hasdn
des is edz
dei dreeg
aanzich
und allaans
dei dreeg
edz bin iich
mein dreeg
lous
du wolldsdn
edz hasdn:
wechä miä
kannsd nern
bhaldn!

besuch

du
scho widdä

du
wennsd mä
ned gäihsd

du
kummsd mä
grood rechd

der fränkische speiseplan

wos gibds am sunndooch?
am sunndooch gibds
ä schaiffälä mid kniedlä
wos gibds am monndooch?
am monndooch gibds
es übrichblieme vom sunndooch
wos gibds am diensdooch?
am diensdooch gibds
ä lebäknidläsubbm
wos gibds am middwoch?
am middwoch gibds
kraudwiggälä mid kadofflbrei
wos gibds am dunnersdooch?
am dunnäsdooch gibds
baggers mid abflmus
wos gibds am freidooch?
am freidooch gibds
enn baggnä karbfm
wos gibds am samsdooch?
am samsdooch gibds
broudwerschd mid sauägraud
und am sunndoch
wos gibds am sunndooch?
dreimall derfsd roodn!

schbargl forever

schbargl jeds joä schbargl
schbargl in buddä mid schniddlauch
oddä mid semmlbräisälä und neie kadoffln
schbarglgmäis mid sauce hollandaise
schbarglsalood mid nämberchä
broudwerschd oddä wienä schnidzl
und als voäschbeis schbarglsubbm
jeds joä schbargl in allen variationen
jeds joä waddn dass
dä schbargl widdä schäißd
wos is ä joä ohne schbargl?
wos is ä lehm ohne schbargl?
schbargl forever!

ding

frouchd mi annä
obbi dä ding bin
dä ding deä ding
joo soochi iich bin
dä ding deä ding
obbä mä
wenni dä ding
deä ding bin
dann ned di ding
di ding gehm derf
nou kannä soong
dä ding deä ding
houdmä di ding gehm

einkauf

wos hädd mä denn gern?
derfs vielleichd ä nixlä
innerm bixlä saa?
naa
oddä ä bägglä
grabbldiwändnauf?
naa
wäi wärsn dann
miderm klann waddäweil?
naa
schood

mei schbrouch

für meine mutter
(1919-2007)

solli nu schreim
in deinä schbrouch
edz nu schreim
in derä schbrouch
wousd nimmä bisd?
däi schbrouch woä
mei erschde schbrouch
vo diä houis glernd
iich hou gredd wäi du
kannä houd mi väschdandn
wemmä wouanders woän
wous anders gredd hamm
und wallmi wouanders
kannä väschdandn houd
houi ä andre schbrouch
ä zweide schbrouch
däzoulernä mäin däi wou mä
iberoll väschdandn houd
und in deä houi gschriem
bis nacherä weil
mei erschde schbrouch
wou immä nu
in miä drin woä
immä schdärkä worn is
däi houd ka rouh gehm
däi houi ned väleuchnä könnä
däi wolld aus miä raus
und draff affs babiä:
seiddem schreibi
in derä schbrouch
in derä schbrouch vo diä

treibstoff

wos isn scho ä feuer
gechä ä feiä
des brennd lichdälouh
des koo kannä löschn
in ä feuer
moumä widdä
und immä widdä
neiblousn
sunsd gäihds aus
obbä ä feiä:
des brennd!

achälä-haikus

1

scho allaa des wodd
achälä: wäi des klingd
wäi wenns rundäfalln

2

jeds achälä schdeggd
in amm klann bfeifälä
raung kammers ned

3

mei bou houd jeds joä
vuä unserm haus mid achälä
sei gschwisdä bombädiäd

4

di achälä brassln
widdä aff di audodächä
dä wind is schuld dä wind

mein alphabet

a wäi achälä
b wäi bobbälä
c wäi glubbärä
d wäi debbälä
e wäi edzädlä
f wäi flidschälä
g wäi gaggälä
h wäi haggälä
i wäi iifälä
j wäi jankälä
k wäi käfälä
l wäi löffälä
m wäi moggälä
n wäi noochälä
o wäi oofälä
p wäi badschälä
qu wäi quaadschärä
r wäi ruggälä
s wäi suggälä
t wäi druudschälä
u wäi ulmerslä
v wäi veichälä
w wäi waggälä
z wäi ziwälä

2. pegasus

lyrik im subbämargd

wou bleibd di lyrik?
di lyrik im subbämargd?
banoonä gibds und oraaschn
zidroonä und babrigga
nudeln und reis
gwark und käs
regoole vullä schogglood
wos willi denn mid diefkühlbizza
duschgel, zohnbasda, deodorand
vollwaschmiddl, daschndüchä
windeln, frühschdüggsflockn
weinbrand, doileddnbabiä
fischschdäbchen und alleskleber
wos willi denn mid
spare ribs und dufdkerzn
wenni lyrik will?
wou bleibd di lyrik?
di lyrik im subbämargd

nachsommer

des maschinägweäfeiä vo di achälä
wenns aff di audodächä knalln

des zischbern und wischbern
vo di schdoorn in di eichn

iä angsd vuä dem langä
langä fluuch in südn

und ibä allerm
dä blaue himml

dä vill zu
blaue blaue

himml

dä herbsd is ibärall

dä summä woä ämall
dä herbsd is ibärall
deä dringd durch di
wurzln vo di bamm
deä schdeichd nach oom
am schdamm endlang
deä fläißd durch di äsd
und durch di zweich
bis in di bläddä nei
deä gibd ka rouh
bis alle falln
bis allers fälld
dä herbsd is ibärall
dä summä woä ämall

mensch baam

wäi machsdn du des blouß
naggerd ohne deine bläddä
in derä käld? des fräihjoä
lässd nu aff sich waddn
wos kanni scho fiä diich dou?
du wersd mid allerm ferdi
iich hou kanne worzln
iich kann ned schdäihbleim
meine fäiß laafn mid miä dävoo
und meine händ kanni
nu su weid ausschdreggn
aff miä hoggn kanne vögl
aff meim kubf bauäs ka nesd
mensch baam
manchmall wünscherdi mä
iich weä wäi du

dä windä

nach walther von der vogelweide

dä windä houd uns alle gschaffd
ganz elend droo is di naduä
ka vugl mooch meä singä
bis di kindä widdä aff dä schdrass
midderm ball rumschbringä

könndi den windä doch väschloufm
wach wäi i bin kannin blouß hassn
sei gwald is ned zu fassn
dä mai is nu weid nou väschwindä
wou edz schnäi lichd bläihä di blümmlä

lob der amseln

woui aa hiikumm, di amseln senn scho dou
däi wibbm und dribbln, däi hubfm rum
däi fläing ned wech, däi hamm ka angsd
däi bleim wous senn, däi loun si ned vädreim
däi biggn jeds körnlä auf, däi finnä immä wos
woui aa hiikumm, di amseln senn scho dou
di weiblä braun, di männlä schwazz
iberoll amseln! däi senn hard im nehmä
däi loun si nix gfalln, däi loun si ned väjoong
däi kummä widdä, däi ferchdn si ned
däi fläing aff di wibfl vo di baim
däi fläing aff di schbidz vo di dächä
däi fläing aff di saddelidnschissln
däi soung si immä di häichsde schdell
und fangä oo zu singä
und hörn nimmä auf
weils hald einfach singä mäin:
di amseln hamm zeid
und di zeid errberrd für sie

krouhä im windä

ohmd fiä ohmd
krouhä
aff alle baim
krouhä
aff jedn asd
jedn ohmd
krouhä
ohmd fiä ohmd
krouhä
in derä käld
im windä
krouhä

schwallm

wos fiä ä gezwidschä!
ä schwallmschwarm ibä dä schdrass:
doubleim oddä wechfläing?

wolkn

jede wolkn schaud anders aus
dou hasd di freie auswohl
greif zou: iich schenk dä anne

igl

vom igl in dä heggng
hörd mä am dooch kann biebs
obbä in dä nachd grunzdä

augusd

väzzeä schdund sunnä
und ä himml vullä schdern:
dä augusd maands goud

fledämeis

wenns nachd werd
fledämeis zähln
su vägäihd dä dooch

wind

wenn ä wengä wind wäihd
flisdern di bläddä in di baim
obbä es groos schweichd

sunnäblummä

wenn iä zeid rum is
loun sugoä di sunnäblummä
ihre kebf hängä

ade

zwaa weiße schmeddäling
im gaddn danzn enn *pas de deux*
und dä summä sachd ade

bläddä

bläddä bläddä bläddä
bläddä bläddä bläddä:
woän däi alle afferm baam?

zuckä

dreißg gramm wäichd ä schboodz
des is grood ämall ä esslöffl zuckä
obbä zuckä koo ned fläing!

babiä

aus dem bladd babiä
mid meim neiä haiku
machi enn fliichä

bfauenauge

ä bfauenauge
fläichd gechä di scheim:
fensdä auf!

rotkehlchen

ach du arms rotkehlchen:
reigfloong durchs offne fensdä
und nimmä nausgfunnä!

spinne

ä schbinnä zougschaud
wou si annerm foodn abseild:
iich hous lehm loun

muggn

di erschd muggn im joä
grabbld zum fensdä nauf
wäi houi eich im windä vämissd!

eisblummä

däi eisblummä am fensdä:
laudä glanne schdernlä
afferm himml aus glas

schnäi

weä mooch scho krouhä?
obbä im schnäi
senns aff amall schäi

schnäimoo

dä schnäi is widdä wech
obbä dä schnäimoo häld
immä nu di schdellung

nebl

nebl schnäireeng nebl
soll des ewich su weidägäih?
dä frihling houd ka schangs

drauäweidn

hamm däi drauäweidn
wergli grund zum drauern
oddä greinäs umäsunsd?

zeitmanagement

manchmall schaui ja
aa blouß ä wolkn zou bis
hindä äm baam väschwind

endlä

klanns endlä in dä trubach!
iich kann di immä säing:
du schwimmsd in meim haiku

liebe

nach richard brautigan

jede frau solläd
amall in iäm lehm
ä gedichd gräing
des ganz allaans
fiä sie gschriem is
& wemmä
desweeng
di ganz weld
affm kubf
schdelln mäißerdn!

frei nach shakespeare 1 (sonett 18)

solli di miderm summädooch vägleing?
du bisd vill schennä und su zoärd
dä wind wäihd alle bläihdn widdä wech
sugoä dä summä gäihd ämall vobei
di sunnä maands ofd viel zu goud
und scho werd allers widdä drüb
wos schäi woä is dann nimmä schäi
däi naduä machd immä des wos will
dei summä derf nie meä vägäih
du bisd und bleibsd fiä immä schäi
dä doud soll mid seim schaddn gäih
in meine vers wersd weidä lehm
sulang nu laid lehm wou des säing
häld des fiä miich diich am lehm

frei nach shakespeare 2 (sonett 2)

wenn fuchzg windä aff dei gsichd drückn
und däife runzln in dei schönheid groom
schaudi beschdimmd ka mensch meä oo
aus deim jungä kleid werd ä aldä lumbm
wersd gfrouchd wou is dei schönheid hii
dei ganze brachd aus deine bessern dooch
und du sachsd däi sichsd doch nu in mei aung
dann läichsd: dou machsdä blouß wos vuä
viel schennä weäs wenn du dann sachsd:
mei aldä des is miä doch ganz egool
di schönheid lebd edz weidä in meim kind
des zeichd dä weld wäi schäi i woä
su wersd wennsd ald bisd nummall jung
und dei bloud werd warm und nimmä kald

liebe 1

dou saa
du dou
iich dou
du fiä miich
iich fiä diich
miä senn
fiä uns
dou

liebe 2

wos solli
wos solli diä
wos solli diä denn
wos solli diä denn nu
soong?

iich hou diä
iich hou diä doch
iich hou diä doch wergli
iich hou diä doch wergli allers –
meä soochi ned

liebe 3

koo kummä
wos will:
aff diich loui
nix kummä

ritual

du machsd es fensdä auf
iich mach es fensdä zou
obbä wos is
wenns iich aufmach?
machsders du
dann widdä zou?

houchmoud

nach andreas gryphius

du sichsd wouhiisd aa schausd
blouß houchmoud um diich rum
wos haid nu annä aufbaud
reißd morng ä andrä um
wou haid nu heisä schdennä
wächsd morng scho widdä groos
su is – su bleibds – des is unsä los
wos haid bläihd werd morng dädreedn
nix bleibd übri – ä boä baa
nix häld ewi – aa ka schdaa
amall däwischds enn jedn

ticktack

im haus vo meinä muddä
hamm iberoll uän diggd
ä uä in jedm zimmä
däi hamm diggd
und diggd und diggd
iberoll uän im ganzn haus
däi hamm alle
bis zuledzd
fiä mei muddä diggd

gloggn

gloggn wenn dä lärm nachlässd
gloggn vo irchendwouheä laidn
gloggn middn in dä schdadd
gloggn alle heiliche zeidn laidn
gloggn wemmä grood ned droodenkd
gloggn bis dä lärm vo dä schdadd
di gloggn widdä väschluggd

nach dem japanischen

dou nix: dou di ned oo
es fräihjoä kummd scho
es groos wächsd vo ganz allaans

haid fräih

an dä schdraßnbohnhaldeschell
haid fräih miderä krouhä gredd:
väschdandn houi nix

lyrik

aff dä derrassn
im liecheschduhl lyrik lesn:
ä rosn schaud zou

weihnachtsblues

frei nach john lennon

schdell dä vuä
es gibd kann himml
schdell dä vuä
es gibd ka höll
schdell dä vuä
du lebsd blouß amall
schdell dä vuä
du lebsd blouß dou
schdell dä vuä
dei lehm könnd schennä saa
schdell dä vuä
du häddsd wos zu soong
schdell dä vuä
du könndsders bessä machn
schdell dä vuä
du könndsd wos ändern
schdell dä vuä
du könndsd wos dou
schdell dä vuä
warum machsders ned?

frohes fest

seimä ned bäis
iich hou dei dusch-
gel mid dem vanill-
aroma gnummä:
edz schmeggi wäiä
weihnachdsblädzlä:
beiß nei!

enkelgedicht 1

im kindäzimmä middn
affm buudn hoggn und
auserm subbmdellä
midderm soggn als goobl
nudln essn däi goä ned dou senn
und dann middm ganzn zimmä
ans grouße meer
nach griechenland fläing:
glei simmä dodd

enkelgedicht 2

kumm miä singä ä lala
ä lala fiä di bienä
wou ned aufhörn zum summä
ä lala fiä di endlä
wou iä kebflä ins wassä daung
ä lala fiä alle viegl
wou scho dou senn
ä lala fiä den kuckuck
deä assm wald rufd
ä lala fiä des männlä
des im wald schdäid
ä lala fiä den budzemann
deä ums haus rumdanzd
ä lala fiä den goudn koung
deä siem sachn brauchd
ä lala fiä däi drei chinesn
däi kondrabass schbilln

kumm miä singä ä lala
ä lala fiän mond
dassä immä widdä aufgäihd
und ä lala fiä di sunnä
dass immä widdä scheind

enkelgedicht 3

kumm in mei heislä
rennä mä ned alle
vo klaa oo
ä lehm lang
in des heislä?

kinderlogik
ein gefundenes gedicht

wos ist dä läibä
geld oddä eis?
geld! mid geld
kanni ä eis kaafm
obbä mid eis
ka geld

metamorphose

iich koo hiigäih woui will:
affm hinweech fläichd
ä amsl vuä miä heä
affm rückweech läffd mä
ä krouhä ibern weech
vuä dä hausdiä
wadd ä daum aff miich:
wenn fang iich
aa nu oo zu fläing?

auf einen bleistift

haid nachd houi ass väsäing
afferm bleischdifd gschloufm
den houi im bedd vägessn
den leechi edz nachd fiä
nachd undä mei kubfkissn

pegasus

manchmall gäihd
dä gaul mid miä durch
und iich gäih in di lufd:
vo oom sichd allers
ä weng anders aus

frei nach eichendorff

Schläft ein Lied in allen Dingen,
die da träumen fort und fort,
und die Welt hebt an zu singen,
triffst du nur das Zauberwort.
J. v. Eichendorff

wenn in allerm ä gedichd schläifd
schläifds dann aa innerm bleischdifdschbidzä
emm füllfedähaldä oddä emm radiägummi?
wos drammd ä bleischdifdschbidzä
oddä ä füllfedähaldä wennä schläifd?
wos gäihd innerm radiägummi voä?
wos fiärä gedichd schläifd in imm?
wou bleibd es zaubäwodd?
ach, eichendorff!

unbezohlboä

di sunnä is unbezohlboä
dä himml is unbezohlboä
di wolkn senn unbezohlboä
di lufd is unbezohlboä
di baim senn unbezohlboä
& unbezohlboä
genausu unbezohlboä
gedichde ibä sunnä
himml wolkn
lufd & baim

3.stadtluft

nämberch-haikus

1

um zwölfä affn haubdmargd gäih
und di laid ooschauä
wou es männleinlaufm ooschauä

2

ob dei wünsch aa in erfüllung gängä
wennsd am goldnä ringlä dräihsd:
dem schönä brunnä is des worschd

3

dä ochs aff dä fleischbriggn
wos denkd si deä blouß?
wemmä des wisserdn!

4

wos is denn scho
aa blaue nachd im joä
geecher alle andern nächd?

5

ann dooch vuäm chrisdkindlersmargd
di erschde roude zibflmidzn gsäing:
wenn siichin endli di ledzd?

6

wenn dä dürer gwissd hädd
wos mid sei bedndn händ bassiäd
hädders erschd goä ned gmoold

7

schood um des wassä
des di bengerdz nundäfläißd:
des kummd nie meä zurück

8

di krouhä hamms goud
däi hoggn affm sinwelldurm
und schauä aff uns roo

9

dausend nämberchä
väschwindn jeds joä: keine angsd
fasd alle kummä widdä

10

di weld is ä wegglä:
ohne broudwerschd
ned auszuhaldn!

bengerdz-blues

in laffamholz kummds rei
in hammä schbridzds
in erlnschdeeng mäanderds
in jobsd schdrömds
in wöhrd dreibds dähii
an dä aldschdadd fläißds vobei
in johannis schbrudlds
in schniechling rauschds
in doos schdinkds
in färdd is um si gschäing

nürnberger hasenpanier

ach hos
wos machsdn du dou
middn in dä schdadd?
däi väkehrsambln
koosd ned fressn
wenns aa nu su gräi senn
und afferm zebraschdreifm
wächsd ka groos
sei frouh dass di
nu ka audo däwischd houd
und vuä emm jäächä
moußd di aa ned ferchdn
laaf hos laaf – schau zou
dassd affm schnellsdn weech
enn undäschlubf findsd:
dä Dürer wadd scho

schdaddlufd

warum di kerch
ned im dorf loun?
schdaddlufd machd frei

audomood

für lisa

deä alde audomood
mid däi bundn kaugummikugln
werf nix nei: es kummd nix raus

gebetbuch

des maadlä: wäi schäi däi
iä smaadfoun in dä händ häld
als weäs ä gebetbuch

gelbes haiku
eine elegie auf die analoge welt

deä arme alde bräif-
kasdn mid dem bosdhorn:
ka mensch wirfd meä wos nei!

baradies

ausm schobbing-baradies
is nu kannä vädriem worn:
dou schdäihd ka engl midm schwerd

selfie

deä moo dou im schbiegl
kaud mein kaugummi:
wos mach iich?

discounter

in memoriam ernst jandl
norma aldi liidl:
jedem menschen sei
eichngs blasdiggdiidl

väkehr

des väkehrschaos dou undn
di wolkn dou oom juggd des ned:
däi zäing weidä

dämmerung

jedn ohmd in dä dämmerung
des balledd vo di krouhä
vo baam zu baam

klofrau

jedsmall wenn es drinkgeld
aff ihrm dellä klimberd
sachd di gloofrau »dankescheen«

wind

ä leere blasdiggdiidn
dä wind wäihds dävoo
wou däi wuhl land?

glück

manche senn scho glüggli
wenn iä hund jedn dooch
an däselbm schdell scheißd

confetti

fasching is widdä vobei
obbä in di ridzn vom bflasdä
is immä nu konfeddi

blond

blonde hoä & blonde baa
blonde maadlä & ä blondä sunnä:
dä summä is blond

wassäbfeifm

in dä südschdadd ä
schaufensdä vullä wassäbfeifm:
weä soll däi alle raung?

gedichd?

ä hochhaus in dä nachd
di fensdä finsdä bis aff aans:
schreibd dou annä ä gedichd?

aphrodite

»die ecke der schönheit«
wos füä noomä füän frisöäsalong!
ach, aphrodite ...

buddha

inn ganzn dooch reeng:
deä buddha im schaufensdä
zeichd sein bauch & grinsd

windrädlä

windi is: in dä auslooch
vom ein-euro-loodn
dräihd si ä windrädlä

mythos

im dürkischn kramloodn
schdäihd zwischä jesus & maria
ä minodauros aus gibs

hund

haid joochd mä kann hund naus
iich hou kann hund
iich bleib dähamm

nachbern

di fraa beck assm fünfdn schdogg
houd aus väsäing iän wellnsiddich
in dä waschmaschinä midgwaschn

di fraa moosberger assm verdn schdogg
waaß langsam nimmä ein und aus
iä damenboärd gäihd nimmä wech

di fraa zeisler assm driddn schdogg
schämd si weil iä sohn im suff
nachds di drebbm vullkodzd

di fraa maier assm zweidn schdogg
väjoochd di daum aff iäm balkong
miderä krachäläsbisdooln

die fraa wagner im erschdn schdogg
is vuä zwaa dooch gschdorm
obbä des houd nu kannä gmerkd

deä herr schnell im badderr
houd sei klingl oogschdelld

schweige-haiku

warum moußdn suvill redn?
es is ja suwisu worschd
wosd sachsd!

schdrassncafé

wisäwi vom schdrassncafé
lauern di schboodzn afferm baam:
ferdichmachn zum schdurzfluuch!

flaschnsammlä

deä flaschnsammlä
wennä gnouch leere houd
kaffdä widdä vulle

fehlstart

wenn annä zu miä sachd
auf di blädze ferdich los
bleibi audomoodisch schdäih

promi-haiku

wenn doch alle däi wou ibern
roudn debbich laafm endli
underm debbich väschwinderdn!

erste hilfe

im badezimmä schdäihd
ä donald duck mid reddungsring:
aung zou und durch!

restrisiko

ned su ganz richdi im kubf
is manchmall
goä ned su ganz falsch

bilanz

woss houi ned allers gmachd:
iich hou mi aff laid eigloun
aff däi i mi ned eiloun hädd solln
iich hou mid laid gredd
mid däi i ned hädd redn solln
iich hou sachn gsachd
däi i ned hädd soong solln
iich bin in feddnäbflä neidredn
in däi i ned neidredn hädd solln
iich hou mi däfiä endschuldichd
obwuhli mi däfiä
ned endschuldichn hädd mäin
iich hou mi gärcherd
obwuhli mi ned ärchern hädd solln
iich hou mi gwunderd
obwuhli mi ned wundern hädd solln
iich hou nix däzouglernd
obwuhli däzoulernä hädd solln
iich hou immä widdä gmachd
wossi ned machn hädd solln
des houd mä nix ausgmachd
obwuhls mä wos ausmachn hädd solln:
woss houi ned allers gmachd!

draim

wos houi ned allers draamd
wäi ofd wohri scho ohne
hausaufgoom in dä schul
wäi ofd houi nix gwissd
wenni drookummä bin
wäi ofd woäri scho wou
woui im lehm nu nie woä
wäi ofd binni durch diän gangä
wou zougschberrd worn
wäi ofd binni laid begeengd
woui nu nie gsäing hou
wäi ofd woärns hindä miä heä
wäi ofd binni dävoogrennd
wäi ofd wolldns mi däwischn
wäi ofd binni in dem aungblick
grood nu aufgwachd
wos houi ned allers
wos houi ned allers draamd

sprachlehre

iich siich blouß wossi säing will
iich hör blouß wossi hörn will
iich schbüä blouß wossi schbürn will
iich merk blouß wossi mergng will
iich väschdäih blouß wossi väschdäih will
iich denk blouß wossi denkn will
iich begreif blouß wossi begreifn will
iich lern blouß wossi lernä will
iich waaß blouß wossi wissn will
iich sooch blouß wossi soong will
iich glaub blouß wossi glaum will

highspeed

neunzeähunderdachdäsechzg
houd dä ändi warhol gsachd:
in dä zukumbfd werd jedä
genau fuchzeä minuddn lang
weld-berühmd saa
des is fuchzg joä heä
haid moumä scho
mid fuchzeä sekundn
zufriedn saa

gräich

bildä rund um di uä
bräsidendn wou ass fliichä schdeing
und ibä roude debbich laafm
menschn vuä ihre eigschderzdn heisä
nach emm rakeedneinschlooch
feiä wou ned aufhörn zum brennä
menschn wou in der gräißdn käld
im freiä ibänachdn mäin
hungernde kindä mid grouße aung
doude selbsdmoddaddndädä
boliddigä wou in kameras grinsn
bildä laafm amok
rund um di uä:
wäi gräichinn blouß
däi bildä widdä lous?

amok

warum schreibdn jemand
in grouße buchschdoom
amok aff di mauä?
gfälldnern des wodd
mid dem »a« am oonfang
mid dem »m«
und »o« in dä middn
und mid »k« am schluss?
draamdä dävoo?
willä nouchmachn
wos andre vuä imm
vuägmachd hamm?
willä dä weld zeing
dassä aa nu dou is
zum äußersdn bereid?
waaßä
dass aus dem wodd
vo hindn glesn
koma werd?

echtzeit

prediger salomo kap. 3:
»ein jegliches hat seine zeit,
und alles vorhaben unter
dem himmel hat seine stunde ...«

allers houd sei zeid
dä wachsdumsmodoä
di immobilienblousn
di rendnoonbassung
allers houd sei zeid
des normenkondrollväfoän
di voärrodsdodnschbeichärung
di resdmüllendsorchung
allers houd sei zeid
di daadnaudobohn
des onleindäiding
des saibämobbing
allers houd sei zeid
des schdard-abb
dä gloublbläiäbuum
dä börn-aud
allers houd sei zeid
des evendmarkeding
dä houmingdrend
di nougouärriä
allers houd sei zeid
di aufschwungfase
di mindeshaldboäkeid
dä finale kollabs
di zeid houd zeid

echtzeit

alles hat seine zeit
der wachstumsmotor
die immobilienblase
die rentenanpassung
alles hat seine zeit
das normenkontrollverfahren
die vorratsdatenspeicherung
die restmüllentsorgung
alles hat seine zeit
die datenautobahn
das online-dating
das cyber-mobbing
alles hat seine zeit
das start-up
der globalplayerboom
der burn-out
alles hat seine zeit
das eventmarketing
der homingtrend
die no-go-area
alle hat seine zeit
die aufschwungphase
die mindeshaltbarkeit
der finale kollaps
die zeit hat zeit

ei

für und von kevin coyne

iich bin su embfindli haid nachd
ä weichkochds ei aff zwaa baa

deä skinhead wisäwi
könnerd mi zädebbern wennä wollerd

wennä inn schneid däzou hädd
und enn leffl grouß gnouch fiä miich

schdaub

schdaub leechd si
aff allers
deggd allers zou
obbä kannä waaß
wouä lichd
kannä waaß
wossä zoudeckd
kannä waaß wos
kannä
alle schweing
schdaub leechd si
aff allers
nix wäi
schdaub

frei nach brecht

wir sind das volk
wenn des das volk is
moui mä ä anders soung

parteitag

alle wolln blouß nu
nach vorn schauä:
wos gibsdn dou
scho zum säing?

sisyphus

albert camus: wir müssen uns sisyphus
als einen glücklichen menschen vorstellen

iich koo machn
wossi will:
jedä schdaa woui
affm berch naufrollä
rolläd widdä roo:
es nächsde mall
kummi glei
als schdaa
aff di weld

update

jedn dooch
in dä fräih
fang mä widdä oo
obbä morng is
aa nu ä dooch
wos is dann?

familienbande

es schdimmd scho:
bloud is diggä wäi wassä
obbä manchmall
hammä uns
einfach dick

fußgängerzonen-blues

iich laaf durch di schdadd
und di schdadd
läffd durch miich durch

iich schwimm geechern schdrom
und deä schdrom
schwimmd gechä miich

iich rembl jeden oo
und jedä
rembld zurück

iich glodz in schaufensdä
und di schaufensdä
glodzn aff miich

iich foä rolldrebbm nauf
und rolldrebbm
foän mi widdä roo

iich renn durch kaufhaisä
und di kaufhaisä
rennä mid miä dävoo

iich kaff schund
und dä schund
kaffd miich

iich väjubl es geld
und es geld
väjubld miich

iich laaf durch di schdadd
und di schdadd
läffd mid miä mid

4. fernweh

kretische haikus

1

links ä kirchlä rechds ä kirchlä
und däzwischn es meer:
wos kann dou scho bassiän?

2

iich möchd ned wissn
wos di welln allers däzähln
es meer waaß meä

3

wäi lang zirbm di zikadn?
wenns dunkl werd fangäs oo
obbä wenn hörnsn widdä auf?

4

di oraaschn senn nu groosgräi
di oliifn glanne bembälä
allers gäihd sein gang

5

kalimera houd dä *zeus*
zu dä *europa* gsachd:
edz bisd ä *kontinent*

circle line

in meinä korzn huusn houi
in kokkári aff samos
ä miidgwaschnä foäkaddn
zu dä nju joäkä
freiheidsschdadue gfunnä

souvenir

aff manche urlaubsfoddo
läffd ä moo mid schdrouhhoud
hindn durchs bild
kannä waaß weä des is
iich scho

spanische haikus

1

glei nebä dä audobohn
ä windmühln ohne windmühlnflüchl:
don kischodd lebt ...

2

di flüss hamm si vuä dä sunnä
in ihre quelln väschdeggd
und draamä vom reeng

3

vuä dä iglesia dribbld
ä weiße daum ibäs bflasdä:
o heilichä geisd!

4

balmä vuäm hotel
schobää im roodio
und es meeresrauschn

5

wenn im café nix lous is
schdäihd dä werd in dä diä
und füdderd di schboodzn

6

deä zidroonäschnidz
aff dem blauä himmelsdellä:
des is dä mond

7

im mai is dä middlschdreifm
vo dä autovia knallgelb:
dann bläihd dä ginsdä

8

des schensde wodd
bei derä hidz haßd *sombra*[1]:
dou kammers aushaldn

[1] *sombra = schatten, daher der* »sombrero«.

9

wenn di sunnä aufgäihd
fängd es meer
zum brennä oo

10

wos geberdi däfüä
wenni dähamm amall am dooch
aff däi welln schauä könnerd!

mallorca-haiku

ä windschdoß – es meer
hold si mein schdrouhhoud
edz dreibdä in di welln hii & heä

joä fiä joä

joä fiä joä gedichde
gedichde in dä
gräißdn hidz am meer
joä fiä joä gedichde
wenn di welln ibä
di kiesl rolln
joä fiä joä am meer
in dä gräißdn hidz
gedichde lesn
und di welln zouschauä
wou ibä di kiesl rolln
joä fiä joä gedichde
schood
dass aus gedichde
ka kiesl wern:
sunsd werferdis alle
zurück ins meer

urlaub

iich kumm
widdä zu miä:
dou bleibi

gipfelruf

dä meßner woä
aff alle höchsdn berch
obbä eä koo ned schwimmä
iich schaumä läibä
di berch vo undn oo
& schwimm

berlin-pfaueninsel

aff dä bfauninsel is
es raung verboten
wou kummd däi kibbm
heä dou aff dem wech?
dou kummd aa
scho ä bfau und frissds

gorillas im berliner zoo

inn ganzn dooch
im groos hoggn
immä widdä
an di zäihä zubfm
ab und zu
in di sunnä blinzln
und aff amall
vo di laid
wou ann ooglodzn
ganz schlääfri wern
schloufn und draamä
ganz weid wechdraamä
weid wech vo berlin

berlin-schiffbauerdamm

in dä nachd schwimmä zwaa
schwazze schwän affm
schwazzn wassä vo dä schbree:
und es senn immä dieselbm

fragen eines brecht-gedichte lesenden

is dä brecht mid dä s-bohn
nach west-berlin nübägfoän?
houdä si im besdn gschäfd
am ordd ä kisdlä zigarrn kaffd?
issä mid dä s-bohn widdä
nach ost-berlin zrückgfoän
und am bahnhof friedrichstraße
mid sei zigarrn ausgschdieng?
issä ibä däi brüggn ibä di schbree
zum schiffbauerdamm nübä?
houdä si am ufer vo dä schbree
an des geländä hiiglahnd?
houdä affs wassä nundägschaud?
houdä emm schiff nouchgschaud
des grood in dem aungblick
aff dä schbree vobeigfoän is?
houdä si ä zigarrn oozundn?
houdä su lang an seinä zigarrn
zoong bis richdi brennd houd?
houdä dann imm rauch
vo seinä zigarrn nouchgschaud?
is nerm dou däbei wos eigfalln?
wos is nerm dou däbei eigfalln?
froung ibä froung
kann kammä froung

weimarer haikus

1

zwaa schlichde särch in dä fürsdngrufd
aff amm schdäihd goethe affm andern schiller:
dä doud doud ned lang rum!

2

in buchenwald bläihä di schlisslblummä
im museum schdennä di klann schouh
vo die ermordeten kinder

3

deä moo aus nämberch
mid sei zwaa gänslä im arm:
deä brunnä blädscherd aa in weimar

leipzig-haiku

drei dooch mephisto gsouchd
nirchends gfunnä
ned ämall in auerbachs kellä

bamberch-haiku

dä bamberchä reidä
kannä waaß weä des is
deä reid und reid und schweichd

fernweh

di weld werd immä klennä
lang dauäds nimmä
und si bassd affs disbläi
vo deim händi

wolkn

di wolkn braung ka geld
di wolkn braung kann derminkalendä
di wolkn braung inn himml

5. nämbercher bestiarium

das nashorn

ä rhinozeros
aus ottensoos
läffd nach laff
dou kummd ä aff
und hoggd si draff
und mit dem aff
läffds vo laff
nach nämberch nei:
ou, des gibd ä gschrei!

der elefant

am dudzndeich is ä elefand
suwos vo benedrand!
deä gäihd immä widdä
ä weng im wassä schbaziän
und mid dem wassä im rissl
doudä di laid maldrädiän
dann senns nass
wos soll deä schbass?

das nilpferd

goä ned dumm:
ä nilbferd zäichd
nach nämberch um
in dä bengerz
dou gängerz
dou könnäds ohne
schoodn boodn
dou hädds sei rouh
frouchd si blouß
wou?

die wildsau

däi wildsau
vo erlerschdeeng
is suwoss vo väweeng
däi badd si innerm
fremdn swimmingbuul
und find des
aa nu kuul!

der fuchs

dä fuchs vo jobsd
houd si ä gänslä
ausärä diefkühl-
druhä gmobsd
obbä bevuäräs frissd
mouä nu waddn
bis aufdaud is

der tiger

dä diichä
vo gosdnhof
is ka diichä
des is ä bedrüchä
sei diichä-kosdüm
is vom fasching
übrich bliem:
di weld is
ja su schlechd
nix is echd

das känguru

des känguru assm diägaddn
koos nimmä däwaddn
des möcherd innä reisebüro
und dann auf und dävoo
wenns gängerd nu haid
obbä ausdroolien is weid

der ochse

dä ochs aff dä fleischbrüggn
is blouß aus schdaa
drum issä aa su allaa
in dä nachd draamdä
manchmall vonnerä kouh
am dooch draamdä ned
dou lässdsn in rouh

die löwin

des löwnmaadlä vo röthenbach
werd immä widdä schwach
wenns den hoosn sichd
den klannä süßn wichd:
den hädds su gern als kuscheldiä
doch deä rennd jedsmall
widdä wech vo iä

die gans

di schensde gans
im knoblauchsland
is arch schenand
scho bamm schnaddern
fangä ihre nervn
oo zum fladdern
und wenns flördn doud
wern sofodd
iä federn roud

die brillenschlange

di brillnschlangä aus johannis
waaß ned weä thomas mann is
immähin kennds goethes faust
dou houdsäräa vuäm deifl grausd
deä horror des is meä iä ding
drum liesds am läibsdn schdiifm king

der alte gaul

deä alde gaul aus laufamholz
houd immä nu sein schdolz
kannä laid ned leidn
lässders aff sich reidn
obbä nacherä weil
is des ned geil?
wirfders roo
und läffd dävoo

das lama

des lama vo eibach
machd vielleichd enn reibach
wirfd mä enn euro
innern aamä
schbodzd des lama
jedn oo
deä zohln koo

die schildkröte

ä schildkrödn in thon
läffd gern marathon
zwaraverzg kilomedä
und des bei jedn weddä
in annä wochn
schaffds fasd drei
in verzeä wochn
is allers vobei
dann is
so godd will
scho am zill

der papagei

deä babbagei vo schweinau
drinkd kakao und glodzd devau
gräichdä kann kakao
und is nix im devau
machdä enn radau

der igel

der igel aus schwaig
deä frissd vielleichd ä zeich!
in jedn gelbn sack
souchdä nach kadznnahrung
des is fiä inn ä offmbarung
hoffndli bleibdä in suäm
gelbn sagg ned schdeggn
sunsd mäißerdä
elendichlich värreckn

das einhorn

in altdorf is voä joän
ämall ä einhorn geborn
des houd sei horn
affm weech nach
nämberch väloän
edz läffds zurück
und souchd
des goude schdück:
vill glück!

das kamel

des kamel in feuchd
houds goä ned leichd
immä im kreis rumgäih
is ned grood schäi
des is ned sei land
nirchends ä sand
di wüsde is weid
schood um di zeid!

der flamingo

deä flamingo vom wöhrder see
häld si fiä mega-mega-schäi
deä reckd sein schnobl in di häih
deä schdelld si in bosiduä
deä schreid in annä duä:
binni ned schäi-schäi-schäi
obbä kannä bleibd schdäih

das geißlein

des geißlein im schdreichlzoo
werd seines lebens nimmä frouh
dauänd wollns kindä schdreichln
es is zum schdein erweichln!

das krokodil

am hellichdn dooch
is ä groggodil
durch fischbach marschiäd
obbä kann houd des indressiäd
kannä woä schockiäd
kann houds brovoziäd
dou woä des arme groggodil
scho ä weng enddaischd
und houd radzfadz
enn moo zäfleischd

die python

di büdoon in buchenbühl
brauchd zum lehm ned vill
jede wochn ä hund
su bleibds gsund

der pelikan

wos machd ä belikan
in langwassä ohne wassä
su ganz allaa?
eä draamd vom meer
sei herz is schweä
und di boodwannä
vill zu klaa

die möve

di mövn vom heilich-
geisd-schbiddool
lässd bamm fläing
ibä dä museumsbrüggn
gern wos fläing
wens driffd
isserä egool

der frosch

jedn dooch deäselbe schduss
ä fruusch houd inn blues
deä houd sei lehm –
immä quaken ned väzagen –
im valznäweihä so sadd
dou hubfdä in di schdadd:
edz issä bladd

6. singsongs

singsong

singä wennsd wos soong willsd
allers wosd soong willsd singä
wennsd singsd werd aus allerm
wosd soong willsd ä song

loumigäih-blues

für heinrich hartl

iich sing den loumigäih-blues
iich waaß ned wossi dou
iich sing den loumigäih-blues
iich waaß ned wossi dou

iich laaf ä weng rum
und schaumä di laid oo
iich laaf ä weng rum
und schaumä di laid oo

iich hoggmi affä bänk
und denk nimmä droo
iich hoggmi affä bänk
und denk nimmä droo

iich sing den loumigäih-blues
iich waaß ned wossi dou
iich sing den loumigäih-blues
iich waaß ned wossi dou

mei honey moochmi nimmä
dä blues werd immä schlimmä
mei honey moochmi nimmä
dä blues werd immä schlimmä

iich sing den loumigäih-blues
iich waaß ned wossi dou
iich sing den loumigäih-blues
iich waaß ned wossi dou

roude huusn

roude huusn
kanne roudn huusn
feiäroude huusn
nie im lehm zäich
iich roude huusn
feiäroude huusn oo

schwazze huusn weiße huusn
graue huusn blaue huusn
gräine huusn braune huusn

roude huusn
kanne roudn huusn
feiäroude huusn
nie im lehm zäich
iich roude huusn
feiäroude huusn oo

schwazze weiße
graue blaue
gräine braune gelbe huusn
lange huusn
kurze huusn
allers blouß ka roudn huusn

roude huusn
kanne roudn huusn
feiäroude huusn
nie im lehm zäich
iich roude huusn
feiäroude huusn oo

dschääs dschääs

für chris beier

di wolkn zäing schnell weidä
di baim schiddln ihre bläddä
di schdaa häld aa nix meä
dä buudn verlierd sein hald

dschääs dschääs
hör joo ned auf
dschääs dschääs
iich bin goud drauf

di blummä bläihä immä bundä
es gras wächsd schäi ind häih
di hund belln scho mall in moll
di vögl singä nur in dur

dschääs dschääs
hör joo ned auf
dschääs dschääs
iich bin goud drauf

iich will kann rock
iich will kann roll
weä schbilld denn edz
fiä miich enn dschääs?

di schdrass fängd oo zu laafm
di heisä waggln wäi verrückd
ka mensch waaß ned meä wouhii
di weld is außä rand und band

dschääs dschääs
hör joo ned auf
dschääs dschääs
iich bin goud drauf

der dylan-rap

iich klobf und klobf iich armä
drobf iich klobf wäi bläid an
di diä vom himml väschwind
wos willdsdn du lümml sachd
deä dübb deä dävuä schdäihd
dass kannä wou ned neiderf
neigäihd du hasd dou nix zu
soung schau dassdi väzäichsd
nix gräichsd diich könnä mä
ned braung gäih mer aus di aung
iich glaub du schbinnsd wennsd
ned väschwindsd baggidi an
deim kroong nou houd dei ledzds
schdündlä gschloong lou uns
in rouh däi diä bleibd zou!

du

iich gäih mid diä durch dick und dünn
vo nämberch nauf bis nach berlin
iich gäih sugoä nach gütersloh
wenns saa mou bis ins nirchendwo

du sooch hald ja
du mochsd mi aa

iich zäich mid diä ans end dä weld
iich väjux fiä diich es ganze geld
iich kauf dä jeden neiä fimmel
iich hol fiä diich di schdern vom himmel

du sooch hald ja
du mochsd mi aa

iich waaß ned wossi mach
wennsd mi ned mochsd
wos kanni scho däfuä
dassi di mooch
wos kanni scho däfuä
wos kanni scho däfuä

iich lou di nimmä aus di aung
iich hör sofodd auf midm raung
iich drooch di immä aff mei händ
du bisd fiä miich mei disneyland

du sooch hald ja
du mochsd mi aa

ka debb

iich bin ka
su ä debb wäi du
ka suä debb wäi du

du bisd ned gscheid
du dousd mä leid
iich bin hald fix
du dscheggsd ja nix

du hasd ka hirn
in deiner birn
du arme sau
werr endli schlau!

iich bin ka
su ä debb wäi du
ka suä debb wäi du

iich bin ned dumm
iich red ned rum
iich bin hald weä
wos willin meä?

iich bin ka
su ä debb wäi du
ka suä debb wäi du

remix

alle dooch wos anders
di blummä housdn
es groos dräihd durch
alle dooch wos anders
di bisch schüddln ihre kebf
di baim vägäihd es lachn
alle dooch wos anders
es dool will inn berch nauf
di wolkn wissn ned wouhii
alle dooch wos anders
di schdaa fangä oo zu singä
und di lufd gäihd in di lufd

reeng

reeng reeng reeng
reeng reeng reeng

reeng deä rundäschüdd
reeng deä ned nouchlässd
reeng deä schdärkä werd
reeng deä ned aufhörd

reeng deä blädschäd
reeng deä schbridzd
reeng deä brassld
reeng deä rauschd

reeng reeng reeng
reeng reeng reeng

reeng deä rundäschüdd
reeng deä ned nouchlässd
reeng deä schdärgä werd
reeng deä ned aufhörd

reeng aff di heisä
reeng aff di schdraß
reeng aff allers
reeng aff uns

reeng reeng reeng
reeng reeng reeng

reeng aff miich
reeng aff diich

wou bleibd dä reeng?

der weltschmerzsong

für klaus brandl

es gibd dooch
dou is di weld su schäi
dassis mooch

es gibd dooch
dou is di weld su goud
dass es herz bloud

es gibd dooch
dou is di weld zu grouß
des gibd mä enn schdouß

es gibd dooch
dou is di weld zu klaa
dou fiehli mi allaa

es gibd dooch
dou is di weld su krumm
des bringd mi um

es gibd dooch
dou is di weld su grood
des findi schood

es gibd dooch
dou is di weld dou
dou binni frouh

es gibd dooch
dou is di weld su weid
dou houi ka zeid

es gibd dooch
dou is di weld su schäi
des doud su wäih

bridge
wenns mä gfälld
ghörd mä di weld
wenns mä ned gfälld
is mä di weld vägälld

hookline
an derä weld is bläid
dass ohne weld ned gäihd

nämberch

in nämberch oddä wou
houd ä moo oddä weä
afferm fesd oddä wos
midderä fraa oddä wem
danzd oddä wos
also nix

nix nix nix in nämberch

ä moo oddä weä
houd in nämberch oddä wou
afferm fesd oddä wos
midderä fraa oddä wem
danzd oddä wos
also nix

nix nix nix in nämberch

afferm fesd oddä wos
houd fraa oddä weä
in nämberch oddä wou
midderm moo oddä wem
danzd oddä wos
also nix

nix nix nix in nämberch

midderä fraa oddä wem
afferm fesd oddä wos
houd ä moo oddä weä
in nämberch oddä wou
danzd oddä wos
also nix

nix nix nix in nämberch

Mei Schbrouch – Zur Dialektik meines Dialekts

»die rache / der sprache / ist das gedicht«: Was für ein schöner Spruch! Er stammt von Ernst Jandl. Gibt es eine schönere und witzigere Definition, was ein Gedicht eigentlich sein soll? Die Sprache rächt sich, sie schlägt zurück gegen die tagtägliche Berieselung, der wir ausgesetzt sind. Das einzige, was da noch hilft, ist ein Gedicht. Und die Sprache, in der ich mich räche, ist der Dialekt, mei Schbrouch.

Ich bin als Dialektsprecher aufgewachsen. Fränkisch war meine erste Sprache, mei Muddäschbrouch. Meine zweite Sprache war der Berlinische Jargon meines Vaters. Wahrscheinlich hat das Spannungsfeld zwischen den beiden Dialekten mein Ohr hellhörig gemacht für das, was Sprache vermag. Auf dem Gymnasium und der Universität wollte man mir meinen Dialekt austreiben. Es ist nicht gelungen. Der Dialekt war stärker. Er hat sich gerächt. Plötzlich stand etwas auf einem Blatt Papier: Mein erstes Gedicht. Es bestand aus nichts anderem als lauter Schimpfwörtern:

suä ruudzbridschn suä elendichä
suä dreckbambl suä dreckädä
suä weibsbild suä schbinnäds
suä bläidä sunnä suä bläidä
suä lusch suä groußä
ä suä sulln
ä suä
suä

Diese »schimpfrede« von 1970 war zugleich eine doppelte Rache. Die Rache an einer Freundin, die mich versetzt hatte und die Rache an der Hochsprache, die drauf und dran war, mei Schbrouch, meinen Dialekt zu verdrängen. Der Damm war gebrochen. Von da an konnte ich nicht mehr aufhören, im Dialekt zu schreiben. Bis zu diesem Zeitpunkt hatte ich mich in hochdeutscher Pop-Lyrik versucht. Von der Pop-Art habe ich das Prinzip des Zitierens gelernt. Das ließ sich sehr gut auf den Dialekt übertragen. Meine Mundart wurde so zur Mund-Art. Mit der Betonung auf »Art«. Mund-Art, wie ich sie verstehe, ist kein bloßes »Dem-Volk-aufs-Maul-schauen«, sondern Literatur, also ein Kunstprodukt.

Ich bin, durch mein Studium bedingt, ein unverbesserlicher Philologe. Die Liebe zum »logos«, zum Wort treibt mich um: die Sprachlust. Ich bin in die Sprache vernarrt. Sie ist nicht bloß mein Handwerkszeug, sie hat ein Eigenleben, einen unverwechselbaren Sound. Mei Schbrouch »swingt«, sie »groovt« und manchmal hat sie auch den unverwechselbaren »blues«. Mit anderen Worten: Dialekt ist Sprachmusik, und diese Musik versuche ich aus den Wörtern herauszuholen. Ich kann in meiner Schbrouch sogar »rappen«:

däi ding dou
wou mid dem ding dou gäihd
houd däi ding dou gsachd
soll wos glanns gräing
vo dem ding dou soongs
obbä nix gwiiß waaßmä ned

Meine Lyrik ist für den Vortrag geschrieben. Erst dann erwachen die Texte zum Leben. Man sollte sie immer laut lesen. Gute Gedichte dürfen sich aber nicht bloß auf die Sprache verlassen. Sie müssen neben der Sprache noch etwas anderes haben, eine Energie, eine Antriebskraft, einen Treibstoff, der sie auf die poetische Umlaufbahn schickt. Diese Kraft ist es dann, die den »Flash« auslöst, das Staunen, den Schock, den Kick, den Wow-Effekt. Gedichte ohne dieses gewisse Etwas, ohne »vibrations«, ohne »Schwingungen«, Gedichte, die außer Sprache nichts zu bieten haben, sind langweilig. Bloßes Wortgeklingel. Sie rauschen vorbei, sie bleiben nicht haften. Überhaupt das Haftenbleiben! Wie erreicht man, dass Gedichte ins Bewusstsein dringen und im Gedächtnis hängen bleiben? Man muss alles Überflüssige weglassen, mit wenigen Worten maximale Wirkung erzielen. »Sprachkürze gibt Denkweite«, lautet eine Maxime Jean Pauls, an die ich mich immer wieder halte. Das erklärt vielleicht auch mein Faible für den japanischen Dreizeiler, das Haiku:

deä weech is es ziel
du redsd di leichd:
iich find inn weech ned

Wir leben in einer Zeit ständiger Beschleunigung. Das Tempo, das unser Leben bestimmt, nimmt von Tag zu Tag zu. Ein Hype löst den anderen ab. Die Lyrik muss dem etwas entgegensetzen. Sie muss die Geschwindigkeit aus den Dingen herausnehmen. Lyrik ist »Entschleunigung«. Zumindest für die Dauer eines Gedichts scheint die Zeit still zu stehen:

ä naggdschneggn grabbld nachm reeng
ibän nassn asfald: ä ganz ä glannä
diefsdgeschwindichkeidszuuch

Ich habe mich für den Dialekt entschieden, weil ich in dieser Schbrouch Dinge sagen kann, die ich in der Hochsprache unmöglich sagen könnte. Der Dialekt ist an allem dichter dran – an den Menschen, am Alltag, an den Emotionen, am Leben. Und er ist konkret.

Natürlich ist mein Verhältnis zum Dialekt nicht frei von Ambivalenz. Dem Volk aufs Maul schauen genügt nicht.

Man muss, wenn das, was da herauskommt, fürchterlich ist, ihm auch »eine aufs Maul geben«, die Widersprüche sicht- und hörbar machen.

Gleichzeitig aber – und das ist die andere Seite der Ambivalenz – vermittelt der Dialekt auch ein Gefühl von Wohlbehagen, von Nestwärme, ja, von »Heimat«. Man muss sich nur freimachen von jeder Art von falscher Volkstümelei. Mund-Art, wie ich sie verstehe, ist ohne diese Dialektik undenkbar.

Es steht nicht gut um den Dialekt. Wie lange wird er sich noch halten? Ja, sogar vom Dialektsterben ist schon die Rede. Ich werde jedenfalls weiter dagegen anschreiben. Es wäre jammerschade, wenn die Energie, die Kraft und die geballte Ladung Emotion, die in meiner Schbrouch steckt, verloren ginge. Das ist die eigentliche »dia-leckdigg« des Dialekts:

dia-leckdigg

ohne meinä muddä iä schbrouch
kammi meim vaddä sei land
kreizweis

Fitzgerald Kusz, Juli 2017